예수님의 꿈아이
예꿈

KB200888

하나님께서 꿈을 이루게 하세요

하나님께서 인도하세요

하나님께서 사랑하시고 돌보세요

편집장 | 김정순
기획 및 편집 | 박승훈, 한인숙
연구위원 | 김윤미, 박길나, 이은연, 이은정, 이향순, 표순옥(가나다순)
표지디자인 | 강상민
표지소품 진행 | 박민정
편집디자인 | 장원영
사진 | 임귀주
일러스트 | 안나영, 이보경, 조영재
초판발행 | 2009. 6. 5.
20쇄 발행 | 2022. 12. 18.
등록번호 | 제3-203호
등록처 | 서울시 용산구 서빙고로65길 38
발행처 | 사단법인 두란노서원
영업부 | 2078-3333 **FAX** 080-749-3705
출판부 | 2078-3437

ISBN 978-89-531-1168-4 03230
책값은 뒷표지에 있습니다.

독자의 의견을 기다립니다. http://www.duranno.com

Originally published in the U.S.A.
Under the title
Walk with Me Sunday curriculums kindergarten and Grade 1
Copyright ⓒ(2004) by CRC Publications
Grand Rapids, Michigan 49560

Korean translation copyright ⓒ2009 by Duranno Press.
95 Seobinggo-Dong, Yongsan-Gu, Seoul, Korea

※이 책의 저작권은 CRC Korean publications와의 독점계약으로 두란노가 소유합니다.
저작권법에 의하여 보호를 받는 저작물이므로 무단 전재와 무단 복제를 금합니다.

차례

교회학교용에서 사용한 —————— 은 자르는 선, ▪ ▪ ▪ ▪ ▪ 은 안으로 접는 선, ▪ — ▪ — ▪▪ 은 밖으로 접는 선입니다.

요셉에게 꿈을 주셨어요

'구덩이 안의 요셉' 만들기

구덩이 안에 있지만 요셉은 무섭지 않아요.
어려운 순간에도 하나님께서 늘 함께 하세요.

1. 종이컵 안팎을 구덩이처럼 꾸밉니다.
2. 요셉 그림을 빨대에 붙입니다.
3. 종이컵 바닥에 구멍을 뚫어 빨대를 안쪽으로 꽂습니다.
4. "하나님 도와주세요."라고 기도한 후, 요셉이 나오도록 합니다.

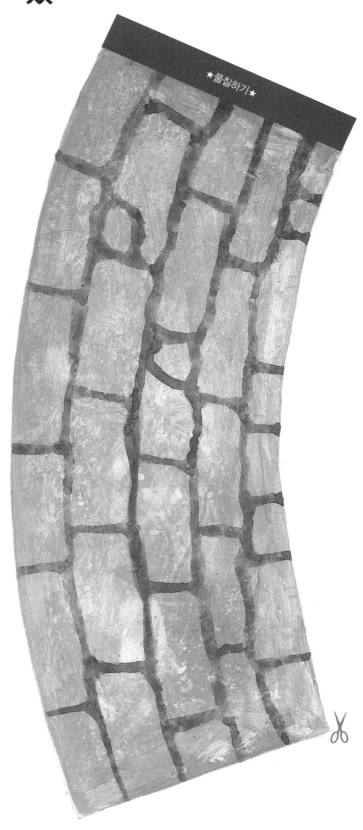

★풀칠하기★

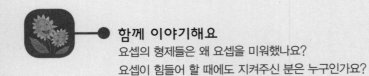
함께 이야기해요
요셉의 형제들은 왜 요셉을 미워했나요?
요셉이 힘들어 할 때에도 지켜주신 분은 누구인가요?

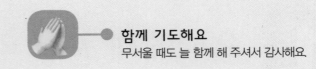
함께 기도해요
무서울 때도 늘 함께 해 주셔서 감사해요

★풀칠하기★

 **어려움도 이기게 하셨어요**

'하나님의 은사 나무' 만들기

요셉은 감옥 안에서도 하나님께서 주신 은사로
다른 사람들을 도왔어요.
하나님께서는 우리에게도 멋진 은사를 주셨답니다.

1. 나무 그림을 자르고 돌돌 말아 붙입니다.
2. 25쪽 그림 딱지를 나뭇가지 끝에 붙입니다.
3. 그림 딱지를 보면서 우리에게 주신 선물
   (은사, 재능, 꿈 등)에 대해 이야기합니다.

 함께 이야기해요
감옥 안에서 요셉은 어떻게 사람들을 도와주었나요?
하나님께서 요셉에게 주신 선물(은사)은 무엇인가요?
우리에게 주신 선물(은사)은 무엇인가요?

 함께 기도해요
우리와 함께 계시고 우리에게 은사를 주셔서
감사해요.

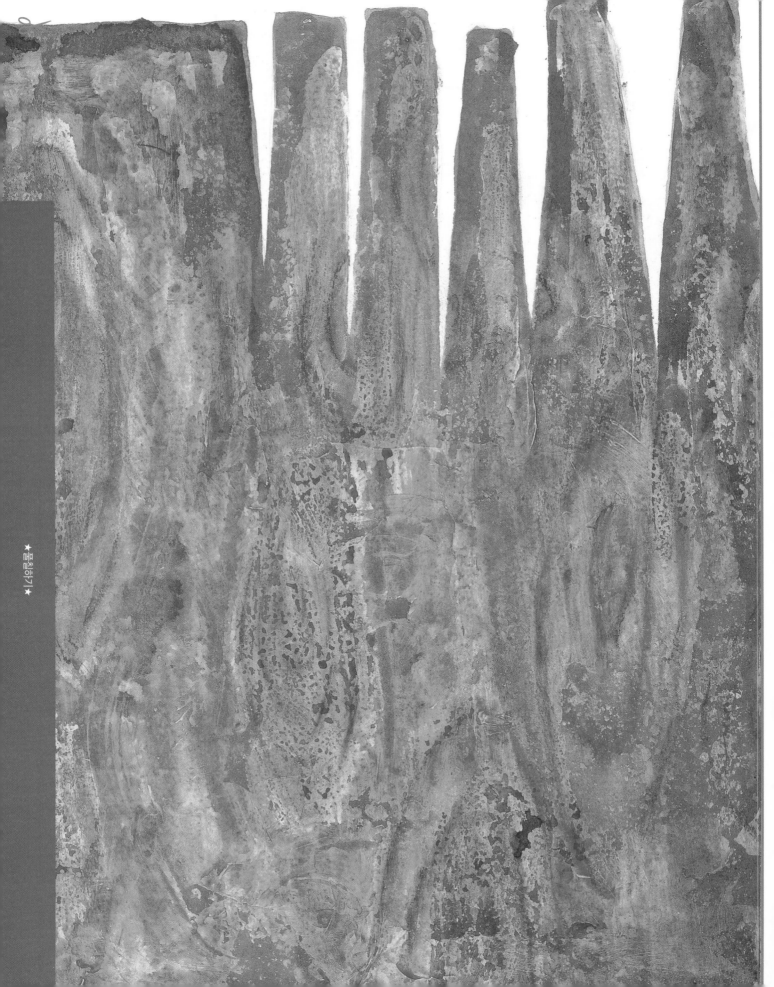

3 요셉을 높여 주셨어요

'요셉 이야기 가방' 만들기

하나님께서는 항상 요셉과 함께하시고 요셉을 높여 주셨어요.
총리가 된 요셉은 하나님의 지혜로 많은 사람을 도울 수 있었어요.

1. 교회학교용 27쪽의 가방 그림을 오려냅니다.
2. 요셉 그림에 옷과 장신구 스티커를 붙여 총리로 꾸밉니다.
3. 가방을 펼쳐가면서 요셉의 이야기를 나눕니다.
4. 아래 그림의 '섬김 카드'를 오려 가방 속에 넣습니다.
5. '섬김 카드'를 꺼내 놀이합니다.

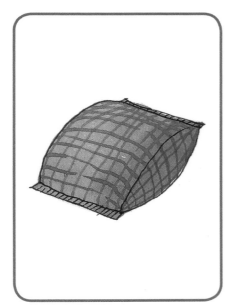

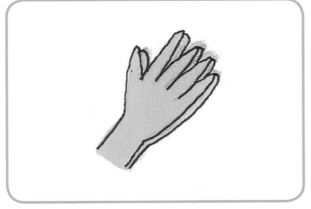

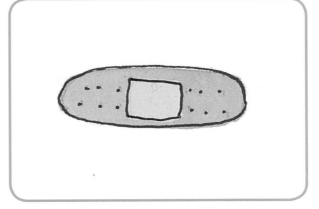

함께 이야기해요
가방의 그림을 보며 요셉의 이야기를 생각해요.
요셉을 높여 주신 분은 누구인가요?
요셉처럼 우리는 다른 사람을 어떻게 도울 수 있는지
그림을 보며 말해 볼까요?

함께 기도해요
요셉과 언제나 함께하신 하나님을 찬양해요.

4 용서하고 화해하게 하셨어요

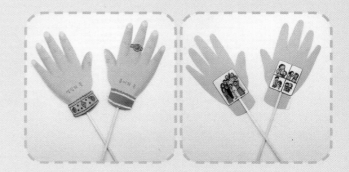

'섬김의 손, 용서의 손' 만들기

하나님은 우리에게 멋진 손을 주셨어요.
하나님이 주신 손으로 요셉처럼 섬김과 용서를 표현해 보세요.

1. 29쪽 손을 떼어 내고 손바닥에 나무 막대를 붙여 손잡이를 만듭니다.
2. 섬김와 용서의 손바닥에 알맞는 그림 스티커를 붙입니다.
3. 총리 요셉의 반지와 팔찌 스티커로 손을 꾸밉니다.
4. 섬김과 용서를 표현하며 놀이합니다.

함께 이야기해요
요셉은 형들을 용서해 주었나요?
요셉은 가족들을 만났을 때 어떻게 하였나요?
나의 손으로 용서와 섬김을 어떻게 표현할 수 있나요?

함께 기도해요
요셉과 같은 섬김과 용서의 마음을 주세요.

5 모세를 건지셨어요

'기도 바구니' 만들기

아기 모세를 바구니에 담아 보내면서 엄마는 어떤 기도를 했을까요? 하나님께서 모세를 지켜주셨듯이 나를 지켜주실 것을 믿어요.

1. 종이 바구니를 오려내어 바구니를 만듭니다.
2. 25쪽 강보 안쪽 카드에 이름을 적은 후 접습니다.
3. 카드를 바구니에 넣고 바구니 뚜껑을 덮습니다.

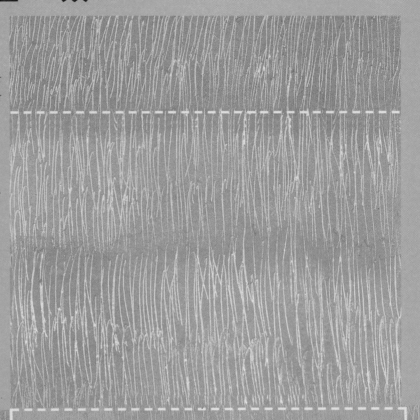

★풀칠하기★　　　　★풀칠하기★

★풀칠하기★　　　　★풀칠하기★

함께 이야기해요

바로는 이스라엘의 남자 아기를 어떻게 하라고 했나요?

아기 모세를 살리려고 엄마는 어떻게 했나요?

하나님께서 아기 모세를 어떻게 도와주셨나요?

무서울 때 나를 지켜 주시는 분은 누구신가요?

함께 기도해요

하나님, 아기 모세를 지켜주신 것처럼 우리도 지켜주셔서 감사해요. 아멘.

★풀칠하기★

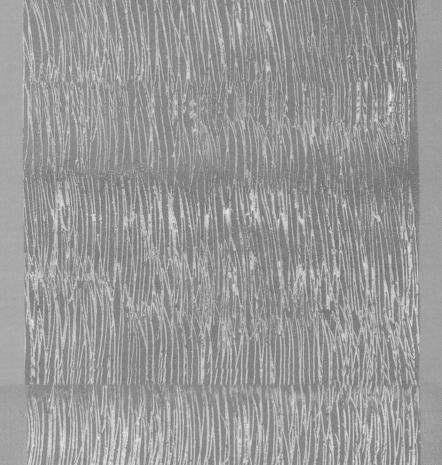

★풀칠하기★

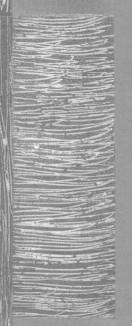

★풀칠하기★

★풀칠하기★

6 모세를 부르셨어요

'불타는 떨기나무' 콜라주

"모세야. 모세야!" 하나님께서 불타는 떨기나무 가운데서 부르셨어요. 모세를 부르셨던 하나님께서
나도 부르고 계세요. 나를 부르시는 하나님께 "네~."하고 대답할래요.

1. 붉은색 계통의 색종이나 습자지, 털실, 셀로판지를 찢어 나뭇가지 부분에 붙입니다.
2. 하나님의 부르심에 대답하는 모세가 되어 봅니다.

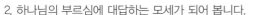

● **함께 이야기해요**
하나님께서 모세를 왜 부르셨나요?
하나님께서 나를 부르실 때 나는 어떻게 대답할까요?

● **함께 기도해요**
하나님, 모세처럼 나를 불러 주셔서 감사해요. 아멘.

7 홍해를 건너게 하셨어요

찬양하는 모세와 미리암 인형 만들기

큰 바다 가운데 길을 만드신 하나님, 감사해요.
바로 왕에게서 구해 주신 하나님, 감사해요.
놀라우신 하나님, 찬양해요.

1. 누구인지 살펴봅니다.
2. 풀칠하여 원통형을 만듭니다.
3. 고무줄과 단추로 팔과 다리를 만듭니다.
4. 악기 놀이를 하며 이야기를 꾸며봅니다.

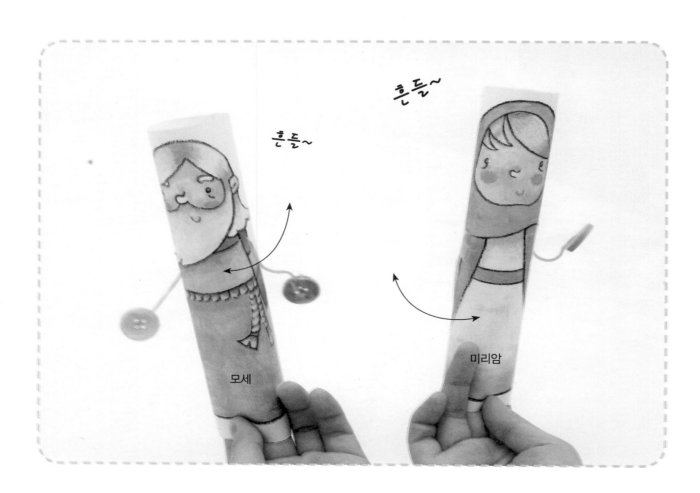

 함께 이야기해요
하나님께서는 큰 바다를 어떻게 하셨나요?
뒤쫓아 오던 바로의 군대는 어떻게 되었나요?
이스라엘 백성과 미리암은 어떻게 찬양했나요?

 함께 기도해요
이스라엘을 구해 주신 하나님께서 항상 나와 함께
하시고 돌보아 주실 것을 믿어요. 아멘.

✂

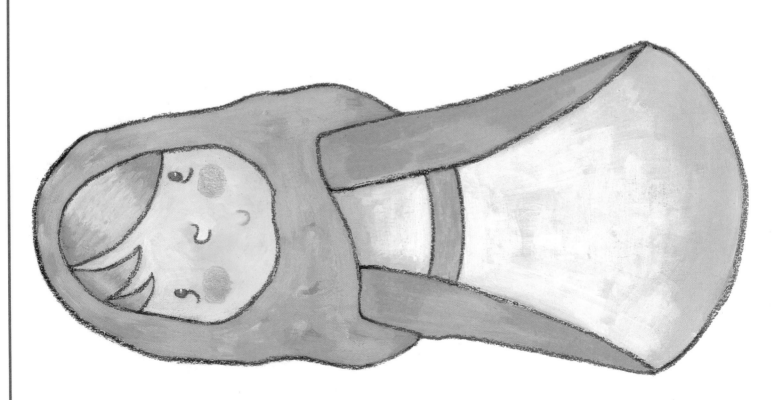

★풀칠하기★

8 십계명을 주셨어요

'말씀 3종 세트' 만들기

내 머리엔 말씀 띠!
내 마음엔 말씀 목걸이!
내 손목엔 말씀 팔찌!
'하나님 사랑, 이웃 사랑'을 나누는 아이가 될래요.

1. 선생님과 함께 말씀을 읽고 장식을 오립니다.
2. 말씀목걸이, 머리띠, 팔찌를 착용합니다.

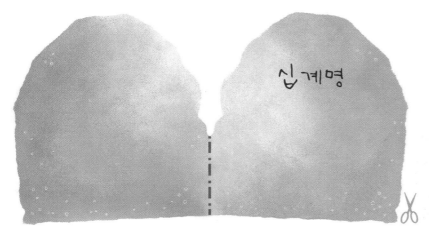

십계명

하나님을 사랑하라
이웃을 사랑하라

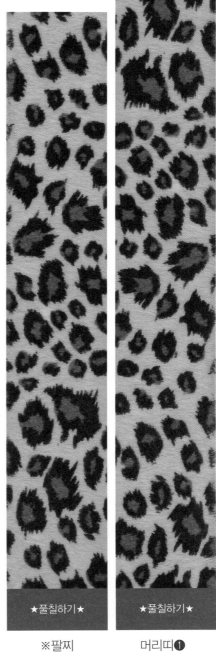

★풀칠하기★   ★풀칠하기★

※팔찌   머리띠❶   ★풀칠하기★

머리띠❷ ✂

※머리띠❶,❷를 이어붙이세요.

● **함께 이야기해요**
모세에게 십계명을 주신 분은 누구신가요?
하나님이 모세에게 주신 계명은 무엇인가요?
하나님과 이웃을 사랑하나요?

● **함께 기도해요**
하나님과 이웃을 사랑하게 도와주세요. 아멘.

9 다윗을 사랑하고 돌보셨어요

양 만들기

다윗은 양을 아끼고 사랑하는 목자였어요. 다윗은 언제나
하나님을 찬양했어요.
우리도 다윗처럼 양을 돌보는 목자가 되어볼까요?

1. 31쪽 양 그림을 오립니다.
2. 몸통은 선대로 접어 풀칠하여 붙입니다.
3. 주름빨대를 양의 꼬리 쪽에 붙여줍니다.
4. 주름빨대를 움직이며 양을 앞으로 뒤로 움직이고, 양에게 먹이
   를 주며 돌봅니다.

1. 나 외에 다른 신을 섬기지 말라.
2. 너를 위하여 우상을 만들고 섬기지 말라.
3. 너희 하나님 여호와의 이름을 망령되이
   일컫지 말라.
4. 안식일을 기억하여 거룩히 지키라.

5. 네 부모를 공경하라.
6. 살인하지 말라.
7. 간음하지 말라.
8. 도적질하지 말라.
9. 네 이웃을 해하려고 거짓 증거하지 말라.
10. 네 이웃의 것을 탐내지 말라.

함께 이야기해요

다윗은 무서운 짐승들로부터 양을 어떻게 돌보았나요?
다윗은 양을 돌보다가 힘들고 무서울 때 어떻게 하였나요?
목동 다윗이 양을 사랑한 것처럼 다윗을 사랑하시고 돌보신
분은 누구인가요?

함께 기도해요

하나님은 항상 나를 사랑하시고 돌보아 주실 것을
믿어요.

다윗에게 기름 부으셨어요

기름 뿔 병 만들기

하나님께서는 다윗을 왕으로 선택하시고 기름 부으셨어요.
하나님께서는 특별히 선택한 소중한 사람에게 기름 부으셔서 축복하세요.
기름 뿔을 만들어 나와 친구들을 서로 축복하고 찬양해요.

1. 그려진 뿔 모양의 그림을 오립니다.
2. 리본테이프를 동그랗게 말아 뿔 안 쪽 모서리에 붙입니다.
3. 고깔처럼 말아 풀칠해서 붙여줍니다.
4. 기름 뿔을 아래로 부으면 리본이 기름처럼 나오게 됩니다.

함께 이야기해요
하나님께서는 누구를 새로운 왕으로 선택하셨나요?
하나님께서는 왕으로 선택한 다윗에게 무엇을 부으라고
하셨나요?
하나님께서는 왜 다윗을 새로운 왕으로 선택 하셨나요?

함께 기도해요
하나님께서 소중히 여기시는 친구들을 축복하
며 살래요.

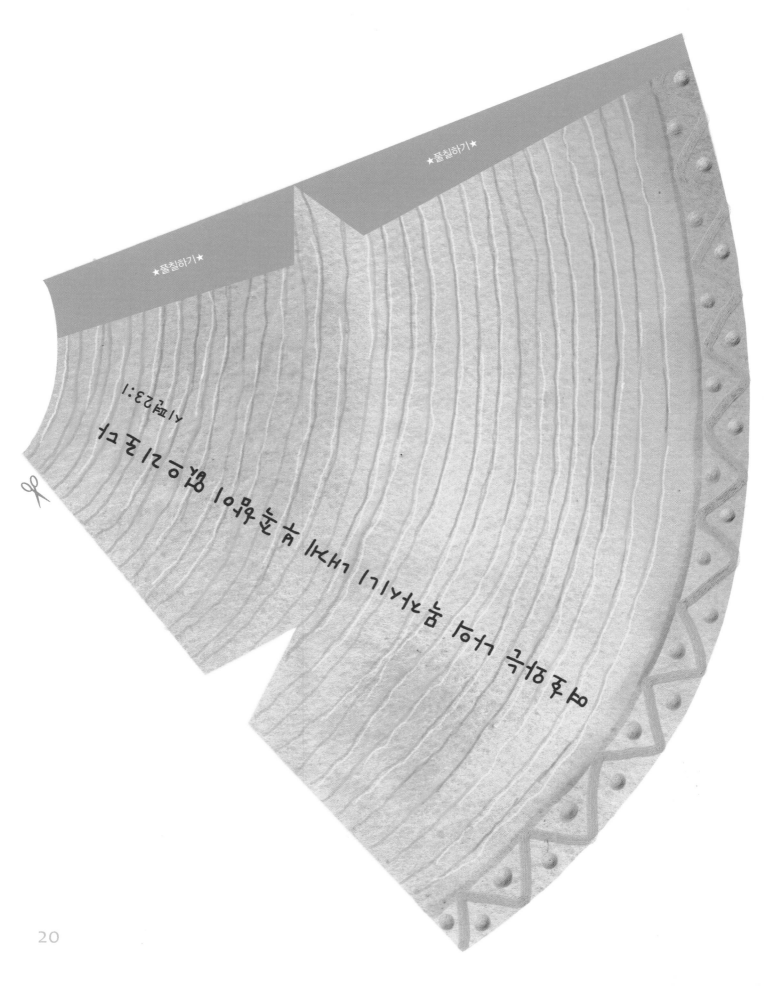

★풀칠하기★

★풀칠하기★

먹줄을 튕기는 장인이 조상을 받을지도

시편23:1

20

 **11**

골리앗을 이기게 하셨어요

'승리의 돌' 만들기

"하나님의 이름으로 골리앗을 이길거야!" 다윗은 승리했어요.
승리의 돌을 만들어 하나님의 힘을 자랑해요.

1. 신문지나 쿠킹호일을 뭉쳐 돌 모양을 만들고 투명테이프로 붙입니다.
2. 다윗과 골리앗 그림 스티커를 지퍼 백에 붙이고 끈을 달아 물맷돌 주머니를 만들고 돌을 넣어 허리에 찹니다.
3. 골리앗 그림을 삼각으로 접어 세우고 돌을 던져 쓰러뜨리는 놀이를 합니다.

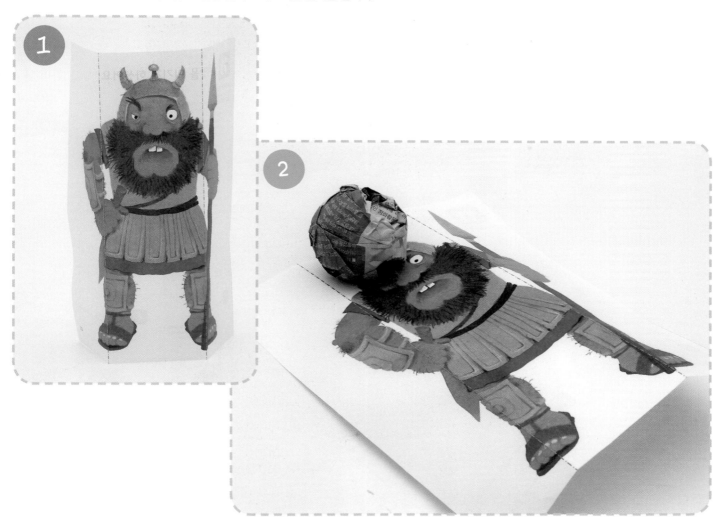

 함께 이야기해요
골리앗은 얼마나 컸나요?
골리앗과 싸우러 나갈 때 다윗은 무엇을 준비했나요?
골리앗과 마주섰을 때 다윗의 마음은 어땠나요?
골리앗을 이기게 해주신 분은 누구인가요?

 함께 기도해요
무서울 때 다윗처럼 하나님의 이름으로 이길 수
있게 도와주세요.

다윗은 하나님을 신뢰했어요

다윗과 사울의 마음

다윗의 마음에 하나님의 사랑이 가득했어요.
다윗은 사울 왕을 해치지 않았어요.
다윗과 사울 왕의 마음을 비교해 보세요.

1. 선에 따라 접어 사울 왕의 마음에는 화난 표정 스티커를. 다윗의 마음에는 웃는 표정 스티커와 창과 물병 스티커를 붙입니다.
2. 다윗이 하나님께 순종하는 마음으로 사울 왕을 살려 준 이야기를 나눠봅니다.

 함께 이야기해요
사울 왕은 다윗을 왜 미워했나요?
다윗은 사울 왕을 해치지 않고 대신 무엇을 가져 왔나요?
다윗은 사울 왕을 왜 살려 주었나요?

 함께 기도해요
다윗처럼 하나님을 사랑하는 마음을 갖고 싶어요.

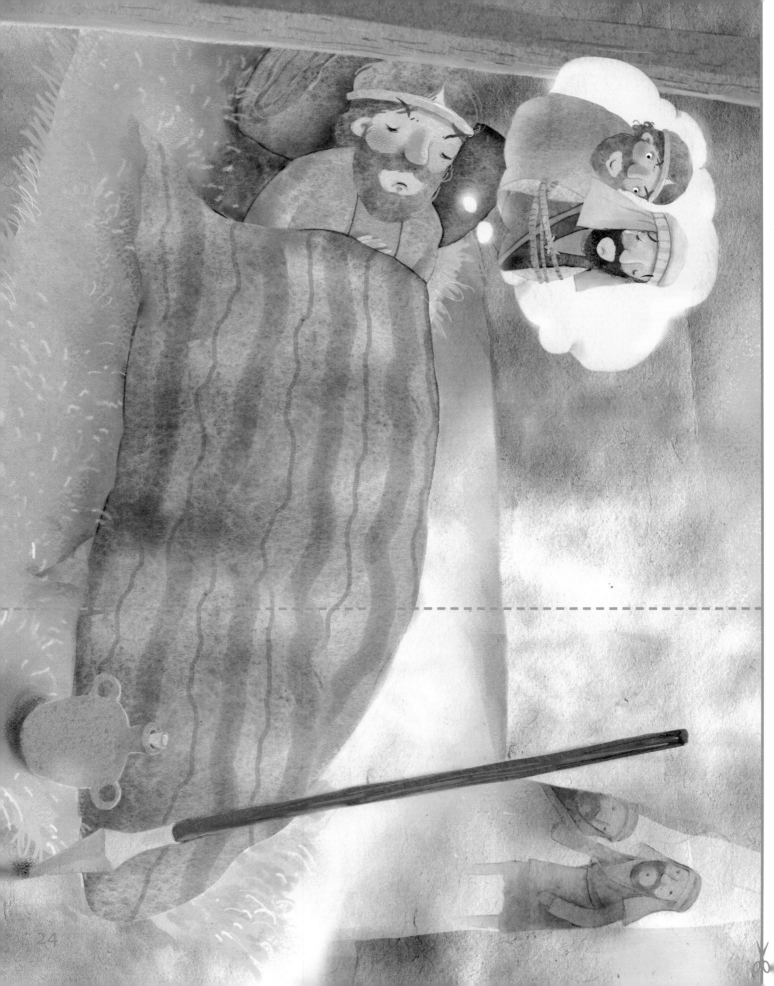

어려움도 이기게 하셨어요

모세를 건지셨어요

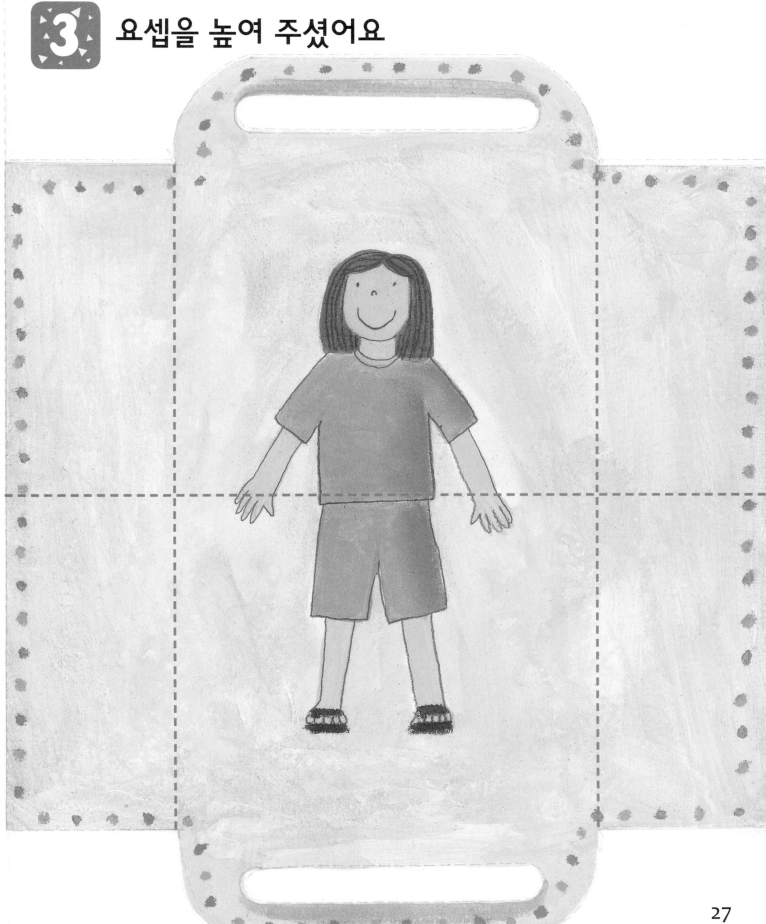

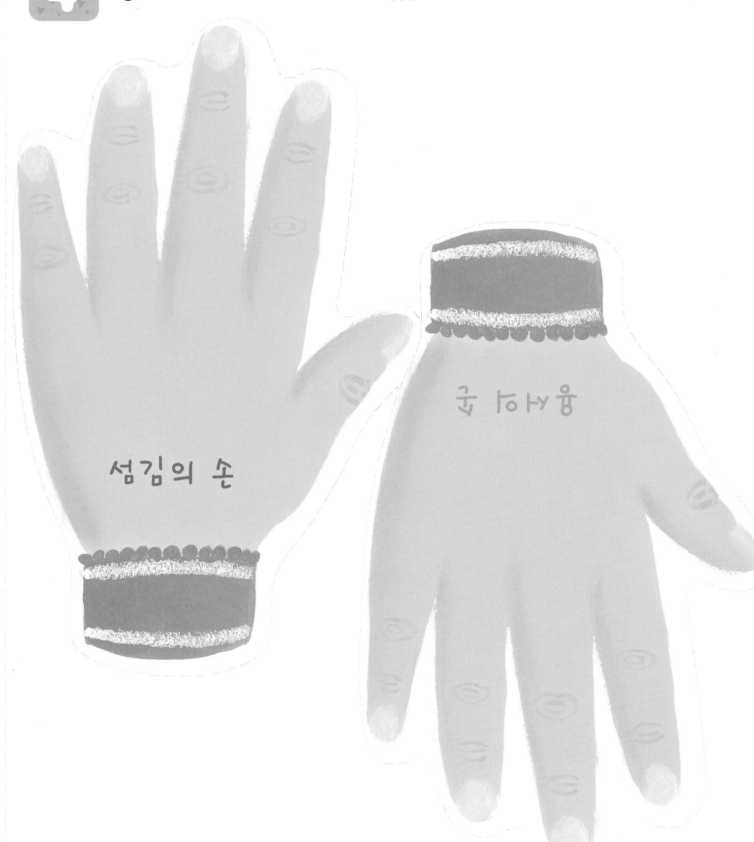

섬김의 손

용서하는

9 다윗을
사랑하고
돌보셨어요

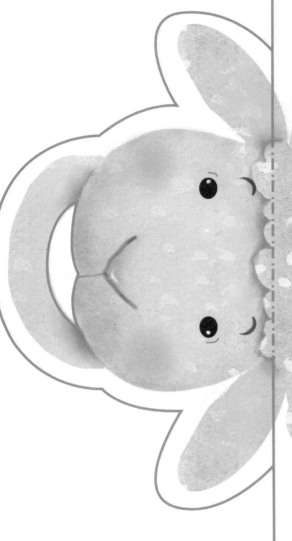

★풀칠하기★

31

교회학교용C

 3 요셉을 높여 주셨어요

 11 골리앗을 이기게 하셨어요

 12 다윗은 하나님을 신뢰했어요

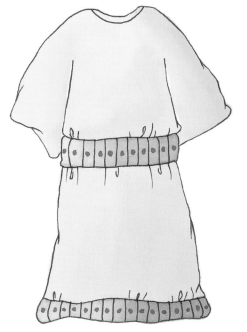

 4 용서하고 화해하게 하셨어요

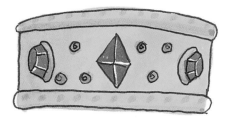